TRÉSOR DES FÈVES

ET

FLEUR DES POIS

LE GÉNIE BONHOMME

HISTOIRE

DU CHIEN DE BRISQUET

PARIS

IMPRIMÉ PAR J. CLAYE ET Cᵉ

RUE SAINT-BENOÎT, 7

TRÉSOR DES FÈVES

ET

FLEUR DES POIS

LE GÉNIE BONHOMME.

HISTOIRE DU CHIEN DE BRISQUET

PAR

CHARLES NODIER

VIGNETTES PAR TONY JOHANNOT

DEUXIÈME ÉDITION

PARIS

ÉDITION J. HETZEL

E. BLANCHARD, RUE RICHELIEU, 78

1853

TRÉSOR DES FÈVES

ET

FLEUR DES POIS

PRÉFACE

« Ce qu'il faut pour qu'un livre convienne à la jeunesse, c'est d'abord qu'il soit simple : la simplicité, cette première condition des belles œuvres, est précisément ce qui convient à l'enfance; c'est ensuite que dans ce livre il n'y ait point de confusion entre le bien et le mal, et que l'un y soit séparé de l'autre assez scrupuleusement pour qu'un méchant esprit n'y puisse trouver sa justification.

« Or, pour faire un tel livre, il faut être à la fois et un grand esprit et surtout un très-honnête homme; et c'est précisément parce que la réunion de ces deux conditions est essentielle, que les livres qui peuvent instruire tous les âges et

PRÉFACE.

plaire à tous les âges sans en blesser aucun, que les bons livres enfin sont extrêmemeut rares. »

Ces lignes, que nous avons écrites dans un autre temps et à propos d'un autre livre (1), nous regrettons presque aujourd'hui de ne les avoir pas gardées, tant elles s'y seraient trouvées à leur place, pour servir de préface aux trois plus délicieux contes qui soient sortis de la plume à jamais regrettable du plus fin conteur, du plus pur écrivain, du plus aimable philosophe de notre temps.

Nous avons choisi ces trois contes, ces trois perles, dans ce trésor de ravissantes fantaisies que Charles Nodier appelait ses *contes fantastiques*, pour les offrir, de préférence à tous autres, aux enfants, parce qu'ils nous ont semblé être les chefs-d'œuvre du genre, c'est-à-dire des modèles d'esprit, de bon sens et de bon goût, comme aussi de saine morale et de style excellent.

Que si quelques-uns pouvaient penser que l'idée philosophique et critique qui domine chacun d'eux est au-dessus de la portée du jeune âge, qu'ils se détrompent.

Parmi beaucoup d'autres préjugés, il y a en France un préjugé fatal à la jeunesse : ce préjugé consiste à croire que, pour convenir aux enfants, un livre doit être fait dans des conditions telles, que l'âge mûr n'y puisse trouver son compte.

Ceci conduirait tout simplement à dire qu'un homme de ta-

---

(1) Notice sur la vie et les ouvrages de Florian, pour servir d'introduction à une édition des *Fables* de Florian illustrée par Grandville. Chez J.-J. Dubochet.

PRÉFACE.

lent ne saurait se faire comprendre des enfants sans cesser d'être un homme de talent, sans se rapetisser, et que les livres qui se font aimer des enfants ne sauraient être que des livres médiocres.

C'est calomnier à la fois et les enfants et les livres qu'ils goûtent. Leur esprit est une terre féconde dans laquelle pas une semence ne se perd ; ce qui importe, c'est qu'il n'y soit semé que de bon grain. Et dans ce qui est du ressort de l'imagination, on pourrait écrire un livre que les plus forts esprits pussent regarder comme un chef-d'œuvre, et qui pourtant, par la seule vertu de sa pureté, pût mériter d'être mis surtout entre les mains de la jeunesse.

Bernardin de Saint-Pierre, Goldsmith, Hoffmann, Perrault, et à côté d'eux Nodier et quelques autres en petit nombre, l'ont prouvé de reste dans quelques-unes de leurs œuvres. Ces vérités seront surtout incontestables pour tous ceux qui ont vécu dans la familiarité, dans l'intimité des enfants, qui les ont vus de près et souvent, qui les ont connus enfin parce qu'ils les ont aimés, et qui ont pu juger de l'extraordinaire bonheur avec lequel ces petits hommes et ces petites femmes qu'on appelle des enfants perçoivent des vérités en apparence au-dessus de leur âge, pourvu que ces vérités leur soient présentées sous une forme tout à la fois nette, précise et attrayante.

Trésor des fèves et Fleur des pois, — *le Génie Bonhomme*, — *l'Histoire du chien de Brisquet*, devaient trouver place à tous titres et avant tous autres dans une collection où l'on s'est proposé d'offrir aux enfants des livres qui, après avoir amusé leur jeune âge, pussent laisser dans leur souvenir d'autres traces que ces ouvrages médiocres qu'on met d'ordinaire entre leurs mains, et qui ne répondent qu'au besoin frivole du moment sans rien réserver pour l'avenir.

P. J. Stahl.

TRÉSOR DES FÈVES
ET
FLEUR DES POIS

> Tout ce que la vie a de positif est mauvais,
> Tout ce qu'elle a de bon est imaginaire.
> BRUSCAMBILLE.

Il y avoit une fois un pauvre homme et une pauvre femme

qui étoient bien vieux, et qui n'avoient jamais eu d'enfants : c'étoit un grand chagrin pour eux, parce qu'ils prévoyoient que dans quelques années ils ne pourroient plus cultiver leurs fèves et les aller vendre au marché. Un jour

qu'ils sarcloient leur champ (c'étoit tout ce qu'ils possédoient avec une petite chaumière ; je voudrois bien en avoir

autant); un jour, dis-je, qu'ils sarcloient pour ôter les mauvaises herbes, la vieille découvrit dans un coin, sous les touffes les plus drues, un petit paquet fort bien troussé qui contenoit un superbe garçon de huit à dix mois, comme

il paroissoit à son air, mais qui avoit bien deux ans pour la raison, car il étoit déjà sevré. Tant y a qu'il ne fit point de façon pour accepter des fèves bouillies, qu'il porta aussitôt à sa bouche d'une manière fort délicate.

Quand le vieux fut arrivé du bout de son champ aux acclamations de la vieille, et qu'il eut regardé à son tour le

bel enfant que le bon Dieu leur donnoit, le vieux et la vieille se mirent à s'embrasser en pleurant de joie; et puis ils firent hâte de regagner la chaumine, parce que le serein qui tomboit pouvoit nuire à leur garçon.

Une fois qu'ils furent rendus au coin de l'âtre, ce fut bien un autre contentement, car le petit leur tendoit les bras avec des rires charmants, et les appeloit *maman* et *papa*, comme s'il ne s'en étoit jamais connu d'autres. Le vieux le prit donc sur son genou, et l'y fit sauter doucement, comme

les demoiselles qui se promènent à cheval, en lui adressant mille paroles agréables, auxquelles l'enfant répondoit à sa manière, pour ne pas être en reste avec le vieux dans une conversation si honnête. Et pendant ce temps, la vieille allumoit un joli feu clair de gousses de fèves sèches qui éclairoit toute la maison, afin de réjouir les petits membres du nouveau venu par une douce chaleur, et de lui préparer une excellente bouillie de fèves où elle délaya une cuillerée de miel qui en fit un manger délicieux. Ensuite elle le coucha dans ses beaux langes de fine toile qui étoient fort propres, sur la meilleure couchette de paille de fèves qu'il y eût à la maison; car de la plume et de l'édredon ces pauvres gens n'en connoissoient pas l'usage. Le petit s'y endormit très-bien.

Quand le petit fut endormi, le vieux dit à la vieille : il y a une chose qui m'inquiète, c'est de savoir comment nous appellerons ce bel enfant, car nous ne connaissons pas ses parents, et nous ne savons pas d'où il vient. — La vieille, qui avoit de l'esprit, quoique ce ne fût qu'une simple femme de campagne, lui répondit sur-le-champ : Il faut l'appeler Trésor des Fèves, parce que c'est dans notre champ de fèves qu'il nous est venu, et que c'est un véritable trésor pour la consolation de nos vieux jours. — Le vieux convint qu'on ne pouvoit rien imaginer de mieux.

Je ne vous dirai pas en détail comment se passèrent tous les jours suivants et toutes les années suivantes, ce qui allongeroit beaucoup l'histoire. Il suffit que vous sachiez que les vieux vieillirent toujours, tandis que Trésor des Fèves devenoit à vue d'œil plus fort et plus beau. Ce n'est pas qu'il eût beaucoup grandi, car il n'avoit que deux pieds et

demi à douze ans; et quand il travailloit dans son champ de fèves, qu'il tenoit en grande affection, vous l'auriez à grand'peine aperçu de la route ; mais il étoit si bien pris dans sa petite taille, si avenant de figure et de façons, si doux et cependant si résolu en paroles, si brave dans son sarrau bleu de ciel à rouge ceinture, et sous sa fine toque des dimanches au panache de fleurs de fèves, qu'on ne pouvoit s'empêcher de l'admirer comme un vrai miracle de nature, en sorte qu'il y avoit nombre de gens qui le croyoient génie ou fée.

Il faut avouer que bien des choses donnoient crédit à cette supposition du moyen peuple. D'abord, la chaumine et son champ de fèves, où une vache n'eût trouvé que brouter quelques années auparavant, étoient devenus un des bons domaines de la contrée, sans que l'on pût dire comment; car de voir des pieds de fèves qui poussent, qui fleurissent, qui passent fleur, et des fèves qui mûrissent dans leur gousse, il n'y a vraiment rien de plus ordinaire; mais de voir un champ de fèves qui grandit sans qu'on y ait rien ajouté par acquisition ou par empiétement méchamment fait sur le terrain d'autrui, c'est ce qui passe la portée de l'entendement.

Cependant le champ de fèves alloit toujours grandissant et grandissant, grandissant à vent, grandissant à bise, grandissant à matin, grandissant à ponant ; et les voisins avoient beau mesurer leurs terres, leur compte s'y trouvoit toujours avec le bénéfice d'une sexterée ou deux, de manière qu'ils en vinrent à penser naturellement que tout le pays étoit en croissance. D'un autre côté, les fèves donnoient si fort, que la chaumine n'auroit pu contenir sa récolte, si elle ne s'étoit notablement élargie; et cependant elles avoient manqué partout à plus de cinq lieues à la ronde, ce qui les rendoit hors de prix, à cause du grand usage qu'on en faisoit à la table des rois et des seigneurs.

Au milieu de cette abondance, Trésor des Fèves suffisoit à toutes choses, retournant la terre, triant les semences, mondant les plans, sarclant, fouissant, serfouant, moissonnant, écossant, et, de surcroît, entretenant soigneusement les haies et les échaliers; après quoi il employoit le temps qui lui restoit à recevoir les acheteurs et à régler les

marchés, car il savoit lire, écrire et calculer sans avoir appris : c'étoit une véritable bénédiction.

Une nuit que Trésor des Fèves dormoit, le vieux dit à la vieille : Voilà Trésor des Fèves qui a porté un grand avantage à notre bien, puisqu'il nous a mis en état de passer doucement, sans rien faire, quelques années qui nous restent à vivre encore. En lui donnant par testament l'héritage de tout ceci, nous n'avons fait que lui rendre ce qui lui appartient; mais nous serions ingrats envers cet enfant si nous n'avisions à lui procurer un rang plus convenable dans le monde que celui de marchand de Fèves. C'est bien dommage qu'il soit trop modeste pour avoir brevet de savant dans les universités, et un tantet trop petit pour être général.

— C'est dommage, dit la vieille, qu'il n'ait pas étudié pour apprendre le nom de cinq ou six maladies en latin; on le recevroit médecin tout de suite.

— Quant aux procès, continua le vieux, j'ai peur qu'il n'ait trop d'esprit et de raison pour en jamais débrouiller un seul. — Remarquez qu'on n'avoit pas encore inventé les philanthropes.

— J'ai toujours eu une idée, reprit la vieille : qu'il épouseroit Fleur des Pois quand il en seroit d'âge.

— Fleur des Pois, dit le vieillard en hochant la tête, est bien trop grande princesse pour épouser un pauvre

enfant trouvé, qui n'aura vaillant qu'une chaumine et un champ de fèves. Fleur des Pois, ma mie, est un parti pour le sous-préfet ou pour le procureur du roi, et peut-être pour le roi lui-même, s'il devenoit veuf. Nous parlons ici de choses sérieuses, et vous n'êtes pas raisonnable.

— Trésor des Fèves l'est plus que nous deux ensemble, répondit la vieille, après avoir un brin réfléchi. C'est d'ailleurs lui que l'affaire concerne, et il seroit de mauvaise grâce de la pousser plus avant sans le consulter. — Là-dessus le vieux et la vieille s'endormirent profondément.

Le jour commençoit à poindre quand Trésor des Fèves sauta de son lit pour aller aux champs selon sa coutume. Qui fut étonné? ce fut lui, de ne trouver que ses habits de fête au bahut où il avoit rangé les autres en se couchant. — C'est cependant jour ouvrable ou jamais, si le calendrier n'est en défaut, dit-il à part lui, et il faut que ma mère ait quelque saint à chômer, dont je n'ouïs parler de ma vie,

4

pour m'avoir préparé durant la nuit mon beau sarrau et ma toque de cérémonie. Qu'il soit fait pourtant comme elle l'entend, car je ne voudrois pas la contrarier en rien dans son grand âge, et quelques heures perdues se retrouveront aisément sur ma semaine, en me levant plus tôt et en rentrant plus tard. Sur quoi Trésor des Fèves s'habilla aussi galamment qu'il le put, après avoir prié Dieu pour la santé de ses parents et la prospérité de ses fèves.

Comme il se disposoit à sortir, afin d'avoir au moins un coup d'œil à donner à ses échaliers avant le réveil de la vieille et du vieux, il rencontra la vieille sur l'huis, qui apportoit un bon brouet tout fumant, et le plaça sur sa petite table avec une cuiller de bois : Mange, mange, lui dit-elle,

et ne te fais pas faute de ce brouet au miel avec une pointe d'anis vert, comme tu l'aimois quand tu étois encore enfant; car tu as du chemin, mon mignon, et beaucoup de chemin à faire aujourd'hui.

— Voilà qui est bien, dit Trésor des Fèves en la regardant d'un air étonné; mais où donc m'envoyez-vous?

La vieille s'assit sur une escabelle qui étoit là, et les deux mains sur ses genoux : — Dans le monde, répondit-elle en riant, dans le monde, mon petit trésor! tu n'as jamais vu que nous, et deux ou trois méchants regrattiers auxquels tu vends tes fèves pour fournir aux dépenses de la maisonnée, digne garçon que tu es ; et comme tu dois être un jour un grand monsieur, si le prix des fèves se soutient, il est bon, mon mignon, que tu fasses des connoissances dans la belle société. Il faut te dire qu'il y a une grande ville, à trois quarts de lieue d'ici, où l'on rencontre à chaque pas des seigneurs en habit d'or, et des dames en robes d'argent,

avec des bouquets de roses tout autour. Ta jolie petite mine si gracieuse et si éveillée ne manquera pas de les frapper d'admiration ; et je serai bien trompée si tu passes le jour sans obtenir quelque profession honorable où l'on gagne beaucoup d'argent sans travailler, à la cour ou dans les bureaux. Mange donc, mange, mignon, et ne te fais pas faute de ce brouet au miel avec une pointe d'anis vert.

Comme tu connois mieux la valeur des fèves que celle de la monnoie, continua la vieille, tu vendras au marché ces six litrons de fèves choisies à la grande mesure. Je n'en ai

pas mis davantage pour ne pas te charger; avec cela, les fèves sont si chères au temps présent, que tu serois bien empêché d'en rapporter le prix, quand on te paieroit tout en or. Aussi nous entendons, ton père et moi, que tu en emploieras moitié à t'ébaudir honnêtement, comme il convient à ton âge, ou en achat de quelques joyaux bien ouvrés, propres à te récréer le dimanche, tels que montres d'argent à breloques de rubis ou d'émeraudes, bilboquets d'ivoire

et toupies de Nuremberg. Le reste du montant, tu le verseras à la caisse.

Pars donc, mon petit Trésor, puisque tu as fini ton brouet, et avise de ne pas t'attarder en courant après les papillons; car nous mourrions de douleur si tu ne rentrois avant la nuit. — Garde aussi les chemins battus, crainte des loups.

— Vous serez obéie, ma mère, dit Trésor des Fèves en embrassant la vieille, quoique j'aimasse mieux pour mon plaisir passer la journée au champ. Quant aux loups, je n'en ai cure avec ma serfouette.

Disant cela, il pendit hardiment sa serfouette à sa ceinture, et partit d'un pas délibéré.

— Reviens de bonne heure, lui cria longtemps la vieille, qui regrettoit déjà de l'avoir laissé partir.

Trésor des Fèves marcha, marcha, faisant des enjambées terribles comme un homme de cinq pieds, et regardant de ci, de là, les choses d'apparence inconnue qui se trouvoient sur sa route ; car il n'avoit jamais pensé que la terre fût si grande et si curieuse. Cependant, quand il eut marché plus d'une heure, ce qu'il jugeoit à la hauteur du soleil, et comme il s'étonnoit de n'être pas encore rendu à la ville au train qu'il étoit allé, il lui sembla qu'on lui crioit :

— Bou, bou, bou, bou, bou, bou, tui! arrêtez monsieur Trésor des Fèves, on vous en prie!

— Qui m'appelle? dit Trésor des Fèves, en mettant fièrement la main sur sa serfouette.

— De grâce, arrêtez-ci, monsieur Trésor des Fèves! Bou, bou, bou, bou, bou, bou, tui! c'est moi qui vous parle.

— Est-il vrai? dit Trésor des Fèves en dressant son re-

gard jusqu'au sommet d'un vieux pin caverneux et demi-mort, sur lequel un maître hibou se berçoit lourdement au souffle du vent; et qu'avons-nous à démêler ensemble, mon bel oiseau ?

— Ce seroit merveille que vous me reconnussiez, répliqua le hibou, car je ne vous ai obligé qu'à votre insu, comme doit faire un hibou délicat, modeste et homme de bien, en mangeant, un à un, à mes risques et périls, les canailles de rats qui grignotoient, bon an mal an, la moitié

de votre récolte; mais c'est ce qui fait que votre champ vous rapporte aujourd'hui de quoi acheter quelque part un joli royaume, si vous savez vous contenter. Quant à moi, victime malheureuse et désintéressée du dévouement, je n'ai pas au crochet un misérable rat maigre pour mes bons jours, mes yeux s'étant tellement affoiblis à votre service, que j'ai peine à me diriger, même de nuit. Je vous appelois

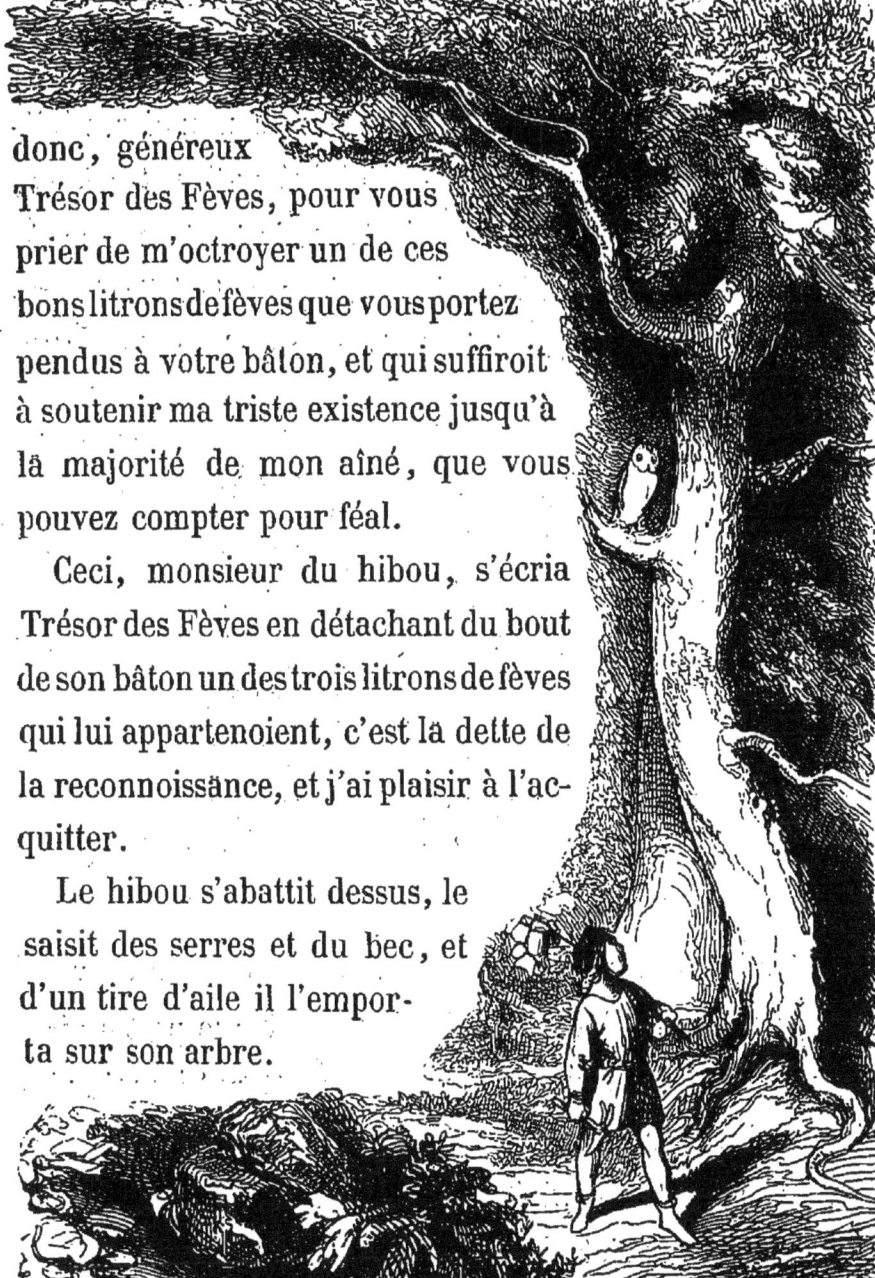

donc, généreux Trésor des Fèves, pour vous prier de m'octroyer un de ces bons litrons de fèves que vous portez pendus à votre bâton, et qui suffiroit à soutenir ma triste existence jusqu'à la majorité de mon aîné, que vous pouvez compter pour féal.

Ceci, monsieur du hibou, s'écria Trésor des Fèves en détachant du bout de son bâton un des trois litrons de fèves qui lui appartenoient, c'est la dette de la reconnoissance, et j'ai plaisir à l'acquitter.

Le hibou s'abattit dessus, le saisit des serres et du bec, et d'un tire d'aile il l'emporta sur son arbre.

O h! que vous partez donc vite! reprit Trésor des Fèves. Oserois-je vous demander, monsieur du hibou, si je suis encore loin du monde où ma mère m'envoie!

— Vous y entrez, mon ami, dit le hibou; et il alla se percher ailleurs.

Trésor des Fèves se remit donc en chemin, allégé d'un de ses litrons, et comme sûr qu'il ne tarderoit pas d'arriver; mais il n'avoit pas fait cent pas qu'il s'entendit appeler encore.

— Béé-é, béé-é, béé-é, bekki! Arrêtez-ci, monsieur Trésor des Fèves, on vous en prie.

— Je crois connaître cette voix, dit Trésor des Fèves en se retournant. Eh! oui, vraiment, c'est cette mièvre effrontée de chevrette de montagne, qui rôdoit toujours avec ses petits autour de mon champ

pour me rafler quelque bonne lippée. Vous voilà donc, madame la maraudeuse?

— Que dites-vous de marauder, joli Trésor! Ah! vos haies étoient trop bien frondues, vos fossés trop profonds, et vos échaliers trop serrés pour cela! Tout ce qu'on pouvoit faire étoit de tondre le bout de quelques feuilles qui for-issoient entre les joints de la claie, et c'est au grand bénéfice des pieds que nous émondons, comme dit le commun proverbe :

Dent de mouton porte nuisance,
Et dent de chevrette abondance.

— Voilà qui suffit, dit Trésor des Fèves, et le mal que je vous ai souhaité puisse-t-il m'advenir incontinent! Mais qu'aviez-vous à m'arrêter, et que saurois-je faire qui vous fût à gré, dame chevrette?

— Hélas! répondit-elle en versant de grosses larmes...
béé-é, béé-é, bekki... c'est pour vous dire qu'un méchant
loup a mangé mon mari le chevret, et que nous sommes

en grande misère, l'orpheline et moi, depuis qu'il ne va
plus fourrager pour nous; de sorte qu'elle est en danger de
mourir de male-faim, si vous ne lui portez aide, la malheureuse biquette! Je vous appelois donc, noble Trésor; pour
vous prier de nous faire la charité d'un de ces bons litrons
de fèves que vous portez pendus à votre bâton, et qui nous

seroit un suffisant reconfort, en attendant que nous ayons reçu des secours de nos parents.

— Ceci, dame chevrette, s'écria Trésor des Fèves, en détachant du bout de son bâton un des deux litrons de fèves qui lui appartenoient encore, c'est œuvre de bienfaisance et de compassion que je me tiens heureux d'accomplir.

La chevrette le happa du bout des lèvres, et d'un bond disparut dans le hallier.

— Oh! que vous partez donc vite! reprit Trésor des Fèves. Oserois-je vous demander, ma voisine, si je suis encore loin du monde où ma mère m'envoie?

— Vous y êtes déjà, cria la chevrette en s'enfonçant parmi les broussailles.

Et Trésor des Fèves se remit en chemin, allégé de deux

de ses litrons, et cherchant du regard les murailles de la ville, quand il s'aperçut, à quelque bruit qui se faisoit sur la lisière du bois, qu'il devoit être suivi de près. Il s'avança soudainement de ce côté, sa serfouette ouverte à la main ; et bien lui en prit, car le compagnon qui l'escortoit à pas de loup n'étoit autre qu'un vieux loup dont la physionomie ne promettoit rien d'honnête.

— C'est donc vous, maligne bête, dit Trésor des Fèves, qui me réserviez l'honneur de figurer chez vous au ban-

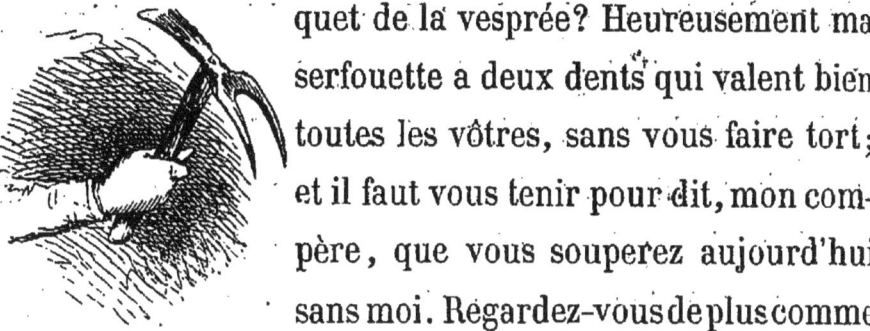

quet de la vesprée? Heureusement ma serfouette à deux dents qui valent bien toutes les vôtres, sans vous faire tort; et il faut vous tenir pour dit, mon compère, que vous souperez aujourd'hui sans moi. Regardez-vous de plus comme bien chanceux, s'il vous plaît, que je ne venge pas sur votre vilaine personne le mari de la chevrette, qui étoit le père de la biquette, et dont la famille est réduite par votre cruauté à une piteuse misère. Je le devrois peut-être, et je le ferois justement, si je n'avois été nourri dans l'horreur du sang, jusqu'au point de ménager celui des loups!

Le loup, qui avoit écouté jusqu'alors en toute humilité, partit subitement d'une longue et plaintive exclamation

en élevant les yeux au ciel comme pour le prendre à témoin.

— Puissance divine qui m'avez donné la robe des loups, dit-il en sanglotant, vous savez si j'en ai jamais senti dans mon cœur les mauvaises inclinations! Vous êtes maître cependant, monseigneur, ajouta-t-il avec abandon, la tête respectueusement penchée vers Trésor des Fèves, de disposer de ma triste vie, que je remets à votre merci, sans crainte et sans remords. Je périrai content de vos mains, s'il vous convient de m'immoler en expiation des crimes trop avérés de ma race; car je vous ai toujours aimé tendrement, et parfaitement honoré, depuis le temps où je prenois un innocent plaisir à vous caresser au berceau, quand madame votre mère n'y étoit pas. Vous étiez dès lors de si bonne mine, et si imposante, qu'on auroit deviné, rien qu'à vous voir, que vous deviendriez un prince puissant et magnanime comme vous êtes. Je vous prie seulement de croire, avant de me condamner, que je n'ai pas trempé mes pattes sanglantes à l'assassinat perpétré sur l'époux infortuné de la chevrette. Élevé dans les principes d'abstinence et de modération auxquels je n'ai failli de toute ma vie de loup, j'étois alors en mission pour répandre les saines doctrines de la morale parmi les tribus lupines qui relèvent de ma communauté, et pour les amener graduellement, par l'enseignement et par l'exemple, à la pratique d'un régime frugal, qui est le but essentiel de la perfectibilité des loups. Je vous di-

rai mieux, monseigneur : l'époux de la chevrette fut mon ami; je chérissois en lui d'heureuses dispositions, et nous voyageâmes souvent ensemble en devisant, parce qu'il avoit beaucoup d'esprit naturel et de goût pour apprendre. Une malheureuse rixe de préséance (vous savez combien le caractère de sa nation est chatouilleux sur ce chapitre) occasionna sa mort en mon absence, et je ne m'en suis pas consolé.

Et le loup pleura, ce sembloit, du profond de son cœur, ni plus ni moins que la chevrette.

— Vous me suiviez pourtant, dit Trésor des Fèves, sans remboîter le double fer de sa serfouette.

— Il est vrai, monseigneur, répondit le loup en câlinant ; je vous suivois dans l'espérance de vous intéresser à mes vues bénévoles et philosophiques en quelque endroit plus propre à la conversation. Las ! me disois-je, si monseigneur Trésor des Fèves, dont la réputation est si étendue et si accréditée dans le pays, vouloit contribuer de sa part au plan de réforme que j'ai fait, il en auroit une belle occasion aujourd'hui ; je suis caution qu'il ne lui en coûteroit qu'un des litrons de bonnes fèves qu'il porte pendus à son bâton, pour affriander une table d'hôte de loups, de louvats et de louveteaux, à la vie granivore, et pour sauver des générations innombrables de chevrettes et de chevrets, de biquettes et de biquets.

— C'est le dernier de mes litrons, pensa Trésor des Fèves; mais qu'ai-je affaire de bilboquets, de rubis et de toupies? et qu'est-ce qu'un plaisir d'enfant au prix d'une action utile?

— Voilà ton litron de fèves! s'écria-t-il en détachant du bout de son bâton le dernier des litrons que sa mère lui avoit donnés pour ses menus plaisirs, mais sans fermer sa serfouette.

— C'est le reste de ma fortune, ajouta-t-il; mais je n'y ai point de regret, et je te serai reconnoissant, ami loup, si tu en fais le bon usage que tu m'as dit.

Le loup y enfonça ses crocs, et l'emporta d'un trait vers sa tanière.

— Oh! que vous partez donc vite! reprit Trésor des Fèves. Oserois-je vous demander, messire loup, si je suis encore loin du monde où ma mère m'envoie?

— Tu y es depuis longtemps, répondit le loup en riant de travers, et tu y resterois bien mille ans, sans voir autre chose que ce que tu as vu.

Trésor des Fèves se remit alors en chemin, allégé de ses trois litrons, et cherchant toujours du regard les murailles de la ville, qui ne se montroient jamais. Il commençoit à céder à la lassitude et à l'ennui, quand des cris perçants qui partoient d'un petit sentier détourné réveillèrent son

attention. Il courut au bruit.

— Qu'est-ce, dit-il la serfouette à la main, et qui a besoin de secours? Parlez, car je ne vous vois pas.

— C'est moi, monsieur Trésor des Fèves; c'est Fleur des pois, répondit une petite voix pleine de douceur, qui vous prie de la délivrer de l'embarras où elle se trouve; il ne faut que vouloir, et il ne vous en coûtera guère.

— Eh! vraiment, madame, je n'ai point coutume de regarder à ce qu'il m'en coûtera pour obliger! Vous pouvez disposer de ma fortune et de mon bien, continua-t-il, à l'exception de ces trois litrons de fèves que je porte pendus à mon bâton, parce qu'ils ne m'appartiennent pas, mais à mon père et à ma mère, et que j'ai donné tout à l'heure ceux qui étoient miens à un vénérable hibou, à un saint homme de loup qui prêche comme un ermite, et à la plus intéressante des chevrettes de montagne. Il ne me reste pas une seule fève que j'aie licence de vous offrir.

— Vous vous moquez, reprit Fleur des Pois, un peu piquée. Qui vous parle de vos fèves, seigneur? Je n'ai que faire de vos fèves, grâce à Dieu; et on ne sait ce que c'est dans mon office. Le service que je vous demande, c'est de mettre le doigt sur le bouton de ma calèche pour en relever la capote, sous laquelle je suis près d'étouffer.

Je ne demanderois pas mieux, madame, s'écria Trésor des Fèves, si j'avois l'honneur de voir votre calèche ; mais

il n'y a pas ombre de calèche dans ce sentier, qui me paroît d'ailleurs peu voyable aux équipages. Cependant je ne mettrai pas longtemps meshuy à la découvrir, car je vous entends de bien près.

— Eh quoi! dit-elle, en s'éclatant de rire, vous ne voyez pas ma calèche ! vous avez failli l'écraser en courant comme un étourdi ! Elle est devant vous, aimable Trésor des Fèves, et il est facile de la reconnoître à son apparence élégante, qui a quelque chose de celle d'un pois chiche.

— Tellement l'apparence d'un pois chiche, rumina Trésor des Fèves en s'accroupetonnant, que je me serois laissé prendre avant d'y voir autre chose qu'un pois chiche.

— Un coup d'œil suffit pourtant à Trésor des Fèves pour remarquer que c'étoit un fort gros pois chiche, plus rond qu'orange, et plus jaune que citron, porté sur quatre petites roues d'or, et muni d'un joli porte-manteau qui étoit fait d'une petite gousse de pois, verte et lustrée comme maroquin.

Il se hâta de mettre la main sur le bouton, et la porte s'ouvrit.

Fleur des Pois en jaillit comme une graine de balsamine, et tomba leste et joyeuse sur ses talons. Trésor des Fèves se releva émerveillé, car il n'avoit jamais rien imaginé d'aussi beau que Fleur des Pois. C'étoit en effet le minois le plus accompli qu'un peintre puisse inventer : des yeux longs comme des amandes, violets comme des betteraves, aux regards pointus comme des alènes, et une bouche fine et moqueuse qui ne s'entr'ouvroit à demi que pour laisser voir des dents blanches comme albâtre et luisantes comme émail. Sa robe courte, un peu bouffante, panachée de flammes roses, comme les fleurs qui viennent aux pois, par-

venoit à peine à moitié de ses jambes faites au tour, chaussées d'un bas de soie blanc aussi tendu que si on y avoit employé le cabestan, et terminées par des pieds si mignons, qu'on ne pouvoit les voir sans envier le bonheur du cordonnier qui les avoit de sa main emprisonnés dans le satin.

— De quoi t'étonnes-tu? dit Fleur des Pois. — Ce qui prouve, par parenthèses, que Trésor des Fèves n'avoit pas l'air extrêmement spirituel dans ce moment-là. —

Trésor des Fèves rougit; mais il se remit bientôt. — Je m'étonne, répondit-il modestement, qu'une aussi belle princesse, qui est à peu près de ma taille, ait pu tenir dans un pois chiche.

— Vous déprisez mal à propos ma calèche, Trésor des Fèves, reprit Fleur des Pois. On y voyage très-commodément quand elle est ouverte; et c'est par hasard que je n'y ai pas mon grand écuyer, mon aumônier, mon gouverneur, mon secrétaire des commandements, et deux ou trois de

mes femmes. J'aime à me promener seule, et ce caprice m'a valu l'accident qui m'est arrivé. Je ne sais si vous avez jamais rencontré en société le roi des Grillons, qui est fort reconnoissable à son masque noir et poli comme celui d'Arlequin, à deux cornes droites et mobiles, et à certaine symphonie de mauvais goût dont il a coutume d'accompagner ses moindres paroles. Le roi des Grillons me faisoit la grâce de m'aimer; il n'ignoroit pas que ma minorité expire aujourd'hui, et qu'il est de l'usage des princesses de ma maison de prendre un mari à dix ans. Il s'est donc trouvé sur ma route, suivant l'usage, pour m'obséder du tintamarre infernal de ses carillonnantes déclarations, et je lui ai répondu, comme à l'ordinaire, en me bouchant les oreilles!

— O bonheur! dit Trésor des Fèves enchanté; vous n'épouserez pas le roi des Grillons?

— Je ne l'épouserai pas, répondit Fleur des Pois avec dignité. Mon choix étoit fait. — Je ne lui eus pas plus tôt signifié ma résolution, que l'odieux Cri-Cri (c'est le nom de ce monarque) s'élança d'un bond sur ma voiture, comme s'il avoit voulu la dévorer, et qu'il en fit brutalement tomber la capote. — Marie-toi maintenant, me dit-il, impertinente mijaurée! marie-toi, si tu peux, et si jamais mari vient te chercher dans cet équipage! Quant à moi, je ne fais pas plus de cas de ton royaume et de ta main que d'un pois chiche.

— Si vous pouviez me dire en quel trou le roi des Grillons s'est caché, s'écria Trésor des Fèves furieux, je l'aurois bientôt déterré avec ma serfouette, et je l'amènerois pieds et poings liés, princesse, à votre discrétion. — Je comprends cependant son désespoir, ajouta-t-il en laissant tomber son front sur sa main. — Mais ne pensez-vous pas qu'il faut que je vous accompagne jusque dans vos États, pour vous mettre à l'abri de ses poursuites?

— Il le faudroit en effet magnanime Trésor des Fèves, si j'étois loin de ma frontière; mais voilà un champ de pois musqué où je ne compte que des sujets fidèles, et dont l'approche est interdite à mon ennemi. — Ainsi parlant, elle frappa la terre du pied, et tomba suspendue des deux bras à deux tiges penchantes qui s'inclinèrent et se relevèrent sous elle, en semant ses cheveux des débris de leurs fleurs parfumées.

Pendant que Trésor des Fèves se complaisoit à la regarder, et je vous réponds que j'y aurois pris plaisir moi-même, elle le fixoit des traits acérés de ses yeux, et le lioit des petits plis de son sourire, tellement qu'il auroit voulu mourir dans la joie de la voir ainsi, et qu'il y seroit peut-être encore si elle ne l'avoit averti.

— C'est trop vous avoir retenu, lui dit-elle, car je sais que le commerce des fèves est fort affaireux par le temps qui court; mais ma calèche, ou plutôt la vôtre, vous fera regagner les moments perdus. Ne m'offensez pas, je vous prie, du refus d'un si mince cadeau. J'ai des millions de calèches pareilles dans les greniers du château ; et quand j'en veux une nouvelle, je la trie sur le volet au milieu d'une poignée, et je donne le reste aux souris.

— Le moindre des bienfaits de Votre Altesse feroit la gloire et le bonheur de ma vie, répondit Trésor des Fèves; mais elle ne pense pas que je suis encore chargé de provisions. Or, je conçois à merveille, si bien mesurées que soient mes fèves, qu'il y auroit moyen de faire entrer assez commodément votre calèche dans un de mes litrons ; mais mes litrons dans votre calèche, c'est une chose impossible.

— Essaie, dit Fleur des Pois en riant et en se balançant à ses fleurs; essaie, et ne t'émerveille pas de tout, comme un enfant qui n'a rien vu. — En effet, Trésor des Fèves n'éprouva aucune difficulté à placer les trois litrons dans la caisse de la voiture; elle en auroit contenu trente et davantage. Il fut un peu mortifié.

— Je suis prêt à partir, madame, reprit-il en se plaçant lui-même sur un coussin bien rembourré dont l'ampleur lui permettoit de s'accommoder fort agréablement dans toutes les positions, jusqu'à s'y coucher tout du long s'il lui en avoit pris envie. Je dois à la tendresse de mes parents de ne pas leur laisser d'inquiétude sur ce que je suis devenu à notre première séparation, et je n'attends plus que votre cocher qui s'est enfui épouvanté, sans doute à l'incartade grossière du roi des Grillons, en reconduisant l'attelage et en emportant les brancards. Alors j'abandonnerai ces lieux avec l'éternel regret de vous avoir vue sans espérer de vous revoir.

— Bon! repartit Fleur des Pois, sans avoir l'air de prendre garde à cette dernière partie du discours de Trésor des Fèves, qui tiroit fort à conséquence; bon! ma calèche n'a ni cocher, ni brancards, ni attelage : elle marche à la vapeur, et il n'y a pas d'heure où elle ne fasse aisément cinquante mille lieues. Je te demande si tu seras en peine de retourner chez toi quand cela te conviendra. Il suffira que tu retiennes bien le geste et le mot dont je me servirai pour la mettre en route. — Le porte-manteau contient différents objets qui peuvent te servir en voyage, et qui t'appartiennent sans réserve. En l'ouvrant à la manière dont tu ouvrirois une gousse de pois verts, tu y trouveras trois écrins de la forme et de la juste grosseur d'un pois, suspendus chacun d'un fil léger qui les soutient dans leur étui comme des pois en cosse, de telle façon qu'ils ne puissent se heurter dommageablement dans les déménagements et le transport : c'est un travail merveilleux. Ils céderont à la pression de ton doigt comme le soufflet de ma calèche, et tu n'auras plus qu'à en semer le contenu en terre dans un trou fait à la pointe de ta serfouette, pour voir poindre, tresir, éclore tout ce que tu auras souhaité. N'est-ce pas miracle, cela? Retiens bien seulement que, le troisième épuisé, il ne me reste rien à t'offrir, car je n'ai à moi que trois pois verts, comme tu n'avois que trois litrons de fèves, et la plus belle fille du monde ne peut donner que ce qu'elle a. — Es-tu disposé à te mettre en route maintenant?

Sur le signe affirmatif de Trésor des Fèves, qui ne se sentoit pas la force de parler, Fleur des Pois fit claquer le pouce de sa main droite contre le doigt du milieu, en criant : Partez, pois chiche!

Et le pois chiche étoit à plus de quinze cents kilomètres du champ musqué de Fleur des Pois, que les yeux de Trésor des Fèves la cherchoient encore inutilement. — Hélas! dit-il.

C'est que ce seroit faire tort à la célérité du pois chiche que de dire qu'il parcouroit l'espace avec la célérité d'une balle d'arquebuse. Les bois, les villes, les montagnes, les mers disparoissoient incomparablement plus vite sur son passage que les ombres chinoises de Séraphin sous la baguette du fameux magicien Rotomago. Les horizons les plus lointains se dessinoient à peine dans une immense profondeur, qu'ils s'étoient précipités sur le pois chiche, et que Trésor des Fèves se seroit efforcé en vain de les retrouver derrière lui. Pendant qu'il se retournoit, crac, ils n'y étoient plus. Enfin il avoit plusieurs fois repris l'avance sur le soleil; plusieurs fois il l'avoit rejoint au retour pour le devancer encore, dans de brusques alternatives de jour et de nuit, quand Trésor des Fèves se douta qu'il avoit laissé de côté la ville qu'il alloit voir, et le marché où il portoit vendre ses litrons.

— Les ressorts de cette voiture sont un peu gais, imagina-t-il soudain; car on n'oublie pas qu'il étoit doué d'un esprit très-subtil. Elle est partie à l'étourdie avant que Fleur des Pois eût achevé de s'expliquer sur ma destination, et il n'y a pas de raison pour que ce voyage finisse dans tous les siècles des siècles, cette aimable princesse, qui est assez évaporée, comme le comporte sa jeunesse, ayant bien pensé à me dire en quelle sorte on mettoit sa calèche en route, mais non pas ce qu'il falloit faire pour l'arrêter.

Effectivement Trésor des Fèves s'étoit servi sans succès de toutes les interjections malsonnantes qu'il eût jamais recueillies, pudeur gardée, de la bouche blasphématoire des voiturins et des muletiers, gens de pauvre éducation et de méchant langage. La diantre de calèche alloit toujours, elle n'alloit que de plus belle; et, pendant qu'il fouilloit dans sa mémoire pour varier ses apostrophes de plus d'euphémismes que n'en pourroit enseigner la rhétorique, madame la calèche coupoit des latitudes à la course, et passoit sur le ventre de dix royaumes qui n'en pouvoient mais. — Le diable t'emporte, chienne de calèche! s'écrioit Trésor des Fèves; — et le diable obéissant ne manquoit pas d'emporter la calèche des tropiques aux pôles, ou des pôles aux tropiques, et de la ramener par tous les cercles de la sphère, sans égard au changement insalubre des températures. Il y avoit de quoi rôtir ou se morfondre avant peu, si Trésor des Fèves n'avoit été doué, ainsi que nous l'avons dit souvent, d'une admirable intelligence.

Voire, dit-il en lui-même, puisque Fleur des Pois l'a

lancée à travers le monde, en lui disant : Partez, pois chiche!... on l'arrêteroit peut-être en lui disant le contraire. Cela étoit extrêmement logique.

— Arrêtez, pois chiche! cria Trésor des Fèves en faisant claquer le pouce de sa main droite contre le doigt du milieu, comme il l'avoit vu faire à Fleur des Pois.

Voyez si une académie tout entière auroit aussi bien trouvé ! Le pois chiche s'arrêta si juste, que vous ne l'auriez pas mieux arrêté, en le fichant sur terre avec un clou. Il ne bougea.

Trésor des Fèves descendit de son équipage, le ramassa précieusement, et le laissa couler dans une bougette de cuir qu'il avoit à sa ceinture pour y serrer les échantillons de ses fèves, mais après en avoir retiré le porte-manteau.

L'endroit où la calèche de Trésor des Fèves s'étoit ainsi butée à son ordre n'est pas décrit par les voyageurs. Bruce le place aux sources du Nil, M. Douville au Congo, et M. Caillé à Tombouctou. C'étoit une plaine sans bornes, si sèche, si rocailleuse et si sauvage, qu'il n'y avoit pas un buisson sous lequel gîter, ni une mousse du désert pour reposer sa tête endormie, ni une feuille nourricière ou rafraîchissante pour apaiser la faim et la soif. Trésor des Fèves ne s'inquiéta point. Il fendit proprement de l'ongle son porte-manteau, et il en détacha un des trois petits écrins dont Fleur des Pois lui avoit fait la description.

Ensuite, il l'ouvrit comme il avoit fait de la calèche, et semant son contenu en terre, à la pointe de la serfouette :

Il en arrivera ce qui pourra, dit-il, mais j'aurois grand besoin d'un pavillon pour me couvrir cette nuit, ne fût-il que d'une plante de pois en fleur; d'un petit régal pour me nourrir, ne fût-il que d'une purée de pois au sucre; et d'un lit pour me coucher, ne fût-il que d'une plume de colibri. Aussi bien, je ne saurois revoir mes parents d'aujourd'hui, tant je me sens pressé d'appétit, et courbatu de la fatigue du voyage.

Trésor des Fèves n'avoit pas fini de parler, qu'il vit sourdre du sable un superbe pavillon en forme de plante de pois, qui monta, grandit, s'épanouit au loin, s'appuya, d'espace en espace, sur dix échalas d'or, se répandit de toutes parts en gracieuses tentures de feuillage, parsemées de fleurs de pois, et s'arrondit en arcades innombrables, dont chacune supportait à la clef de son cintre un riche lustre de cristal chargé de bougies musquées. Tout le fond des arcades étoit garni de glaces de Venise, d'une hauteur demesurée, qui n'avoient pas le moindre défaut, et qui réfléchissoient les lumières à éblouir d'une lieue la vue d'un aigle de sept ans.

Sous les pieds de Trésor des Fèves, une feuille de pois, tombée d'accident de la voûte, s'élargit en magnifique tapis diapré de toutes les couleurs de l'arc en ciel et d'une multitude d'autres. Bien plus, ce tapis étoit bordé de guéridons de bois d'aloès et de sandal, qui sembloient prêts à s'affaisser sous le poids des pâtisseries et des confitures, ou sur lesquels des fruits glacés au marasquin cernoient également dans leurs coupes de porcelaine surdorée une bonne jatte de purée de petits pois au sucre, marbrée à sa surface de raisins de Corinthe noirs comme le jais, de vertes pistaches, de dragées de coriandre et de tranches d'ananas.

Au milieu de toutes ces pompes, Trésor des Fèves ne fut cependant pas en peine de reconnoître son lit, c'est-à-

dire la plume de colibri qu'il avoit souhaitée, et qui scintilloit dans un coin, comme une escarboucle tombée de la couronne du grand Mogol, quoiqu'elle fût si petite, qu'on l'auroit cachée d'un grain de mil. Trésor des Fèves pensa d'abord que ce sommier répondoit peu au reste des commodités du pavillon; mais, à mesure qu'il regardoit la plume de colibri, elle se mit à foisonner tellement, qu'il eut bientôt des plumes de colibri à la hauteur de la main, couchette de molles topazes, de flexibles saphirs et d'opales élastiques où un papillon auroit enfoncé en s'y posant. — Assez, dit Trésor des Fèves, assez, plume de colibri! je dormirai trop bien comme cela.

Que notre voyageur ait fait fête à son banquet, et qu'il

eût hâte de se reposer, cela n'a pas besoin d'être dit. L'amour lui trottoit bien un peu dans la tête ; mais douze ans ne sont pas l'âge où l'amour ôte le sommeil, et Fleur des Pois, à peine vue, n'avoit laissé à sa pensée que l'impression d'un rêve charmant, dont le sommeil seul pouvoit lui rendre l'illusion. Raison de plus pour dormir, s'il vous en souvient comme à moi. Toutefois, Trésor des Fèves étoit trop prudent pour s'abandonner à cette joie paresseuse avant de s'être assuré de l'extérieur de son pavillon, dont l'éclat suffisoit pour attirer de fort loin les voleurs et les gens du roi. Il y en a en tous pays. Il sortit donc de l'enceinte magique, la serfouette ouverte à la main, comme d'habitude, pour faire le tour de sa tente, et aviser au bon état de son campement.

Aussitôt qu'il fut parvenu à son extrême frontière (c'étoit un petit ravin creusé par les eaux, et que la biquette auroit franchi sans façon), Trésor des Fèves s'arrêta, transi du frisson d'un homme de cœur ; car le vrai courage a des terreurs communes à notre pauvre humanité, et ne s'affermit en lui-même que par réflexion. Il y avoit, ma foi de quoi réfléchir au spectacle dont je parle !

C'étoit un front de bataille où reluisoient dans l'obscurité d'une nuit sans étoiles deux cents yeux ardents et immobiles, au-devant desquels couroient sans relâche de la droite à la gauche, de la gauche à la droite et sur les flancs, deux yeux perçants et obliques dont l'expression indiquoit assez la ronde d'un général fort actif. Trésor des Fèves ne connoissoit ni Lavater, ni Gall, ni Spurzheim; il n'étoit pas de la Société phrénologique, mais il avoit l'instinct de simple nature qui instruit tous les êtres créés à discerner de loin la physionomie d'un ennemi; et il n'eut pas regardé un moment le commandant en chef de cette louvetaille affamée, sans reconnoître en lui le loup couard et patelin qui lui avoit adroitement escroqué, sous couleur de philosophie et de vertu, le dernier de ses litrons.

— Messire loup, dit Trésor des Fèves, n'a pas perdu de temps pour rassembler son bercail et le mettre à ma poursuite! Mais par quel mystère ont-ils pu me rejoindre, tous tant qu'ils sont, si ces vauriens de loups n'ont aussi voyagé en pois chiche? — C'est probablement, reprit-il en soupirant, que les secrets de la science ne sont pas inconnus des méchants; et je n'oserois jurer, quand j'y pense, que ce ne sont pas eux qui les ont inventés pour mieux enseigner les bonnes créatures dans leurs détestables machinations.

Trésor des Fèves étoit réservé dans ses entreprises, mais soudain dans ses résolutions; il exhiba donc hâtivement de sa bougette le porte-manteau qu'il y avoit glissé à côté de sa calèche; il en détacha le second de ses petits pois, l'ouvrit comme il avoit fait le premier et la calèche, et sema son contenu en terre, à la pointe de la serfouette. — Il en arrivera ce qui pourra, dit-il; mais j'aurois grand besoin cette nuit d'une muraille solide, ne fût-elle pas plus épaisse que celle de la chaumine, et d'une claie bien serrée, ne fût-elle pas plus forte que celle de mes échaliers, pour me défendre de messieurs les loups.

Et des murailles se dressèrent, non pas murailles de chaumine, mais murailles de palais; et des claies germèrent devant tous les portiques, non pas claies en façon d'échaliers, mais hautes grilles seigneuriales d'acier bleu, à flèches et buissons dorés, où loup, ni blaireau, ni renard n'auroit passé sans se meurtrir ou se navrer la fine pointe de son museau. Au point où en étoit alors la stratégie des loups, l'armée des loups n'y avoit que faire. Après avoir tenté quelques pointes, elle se retira en mauvais ordre.

Tranquille sur la suite de cet événement, Trésor des Fèves regagna son pavillon; mais ce fut cette fois sur des parvis de marbre, à travers des péristyles illuminés comme pour une noce, des escaliers qui montoient toujours et des galeries sans fin. Il fut tout aise de retrouver son pavillon de fleurs de pois.

au cœur d'un grand jardin verdoyant et florissant qu'il ne se connoissoit pas, et son lit de plume de colibri, où je suppose qu'il dormit plus heureux qu'un roi. On sait que je n'exagère jamais.

Son premier soin du lendemain fut de visiter la somptueuse demeure qu'il s'étoit trouvée dans un petit pois, et dont les moindres beautés le remplirent d'étonnement; car l'ameublement répondoit très-bien à la bonne mine du de-

hors. Il examina en détail son musée de tableaux, son ca-

binet des antiques, son casier de médailles, ses insectes, ses

coquillages, sa bibliothèque, délicieuses merveilles encore

nouvelles pour lui. Ses livres le charmèrent surtout par le

goût délicat qui avoit présidé à leur choix. Ce qu'il y a de plus exquis dans la littérature et de plus utile dans les sciences humaines s'y trouvoit rassemblé pour le plaisir et l'instruction d'une longue vie, comme les Aventures de 'ingénieux don Quichotte de la Manche, les chefs-d'œuvre

de la *Bibliothèque bleue*, de la fameuse édition de madame Oudot; des Contes des fées de toute sorte, avec de belles images en taille-douce; une collection de Voyages curieux et récréatifs, dont les plus authentiques étoient déjà ceux de Robinson et de Gulliver; d'excellents Almanachs pleins d'anecdotes divertissantes et de renseignements infaillibles sur les phases de la lune et les jours propres aux semailles; des Traités innombrables, écrits d'une manière fort simple et fort claire, sur l'agriculture, le jardinage, la pêche à la ligne, la chasse au filet, et l'art d'apprivoiser les rossignols; tout ce qu'on peut désirer enfin quand on est parvenu à connoître ce que valent les livres de l'homme et son esprit : il n'y avoit d'ailleurs point d'autres savants, point d'autres philosophes, point d'autres poëtes, par la raison incontestable que tout savoir, toute philosophie, toute poésie, sont là où ne seront jamais nulle part : c'est moi qui vous en réponds.

Pendant qu'il procédoit ainsi à l'inventaire de ses richesses, Trésor des Fèves se sentit frappé du reflet de son image dans un des miroirs dont tous les salons étoient ornés. Si la glace n'étoit menteuse, il devoit avoir grandi, ô prodige! de plus de trois pieds depuis la veille; et la moustache brune qui ombrageoit sa lèvre supérieure annonçoit

distinctement en effet qu'il commençoit à passer d'une ado-

lescence robuste à une jeunesse virile. Ce phénomène le travailloit un peu, quand une riche pendule, placée entre deux trumeaux, lui permit de l'éclaircir à son grand regret : une des aiguilles marquoit le quantième des années, et Trésor des Fèves s'aperçut, à n'en pas douter, qu'il avoit réellement vieilli de six ans.

— Six ans ! s'écria-t-il, malheur à moi ! Mes pauvres parents sont morts de vieillesse et peut-être de besoin ! peut-être, hélas ! sont-ils morts de la douleur de ma perte ! et qu'auront-ils pensé, en mourant, de mon cruel abandon ou de ma pitoyable infortune? Je comprends, calèche maudite, que tu fasses bien du chemin, car tu dévores bien des jours dans tes minutes ! Partez donc, partez donc, pois chiche ! continua-t-il en tirant le pois chiche de sa bougette, et en le lançant par la fenêtre. Allez si loin, damné de pois chiche, que l'on ne vous revoie jamais ! — Aussi, n'a-t-on jamais revu, à ma connoissance, de pois chiche en façon de chaise de poste qui fît cinquante lieues à l'heure.

Trésor des Fèves descendit ses degrés de marbre plus triste qu'il n'avoit jamais fait l'échelle du grenier aux fèves. Il sortit du palais sans le voir ; il chemina dans ces plaines incultes, sans prendre garde si les loups n'y avoient pas insolemment bivouaqué pour le menacer d'un blocus. Il rêvoit en marchant, se frappoit le front de la main, et pleuroit quelquefois.

— Et qu'aurois-je à souhaiter, maintenant que mes parents n'existent plus? dit-il en tournant machinalement son porte-manteau entre ses doigts..... maintenant que Fleur des Pois est depuis six ans mariée? car c'étoit le jour où je l'ai vue qu'expiroit sa dixième année, et cette époque est celle du mariage des princesses de sa maison! D'ailleurs son choix étoit fait. — Que m'importe le monde entier, le monde qui ne se composoit pour moi que d'une chaumine et d'un champ de fèves que vous ne me rendrez jamais, petit pois vert, ajouta-t-il en le détachant de sa gousse, car les jours si doux de l'enfance ne se renouvellent plus. Allez, petit pois vert, allez où Dieu vous portera, et produisez ce que vous devez produire à la gloire de votre maîtresse, puisque c'en est fait de mes vieux parents, de la chaumine, du champ de fèves et de Fleur des Pois ! Allez, petit pois vert, allez bien loin !

Et il le lança de si grande force, que le petit pois vert auroit facilement rattrapé le gros pois chiche, si cela avoit été de sa nature. — Après quoi, Trésor des Fèves tomba par terre d'accablement et de douleur.

Quand il se releva, tout l'aspect de la plaine étoit changé. C'étoit jusqu'à l'horizon une mer sans bornes de brune où

de riante verdure, sur laquelle se rouloient comme des flots confus, au petit souffle des brises, de blanches fleurs à la carène de bateau et aux ailes de papillon, lavées de violet comme celles des fèves, ou de rose comme celles des pois; et quand le vent courboit ensemble tous leurs fronts ondoyants, toutes ces nuances se confondoient dans une nuance inconnue, qui étoit plus belle mille fois que celle des plus beaux parterres.

Trésor des Fèves s'élança, car il avoit tout revu, le champ agrandi, la chaumine embellie, son père et sa mère vivants, et qui accouroient au-devant de lui, bien qu'un peu cassés, de toute la force de leurs jambes, pour lui apprendre comment, depuis le jour de son départ, ils n'avoient jamais manqué de recevoir de ses nouvelles tous les soirs, avec quelques gracieusetés qui ameilleuroient leur vie, et de bonnes espérances de retour qui les avoient sauvés de mourir.

Trésor des Fèves, après les avoir tendrement embrassés,

leur donna ses bras pour l'accompagner à son palais. A mesure qu'ils en approchoient, le vieux et la vieille s'ébahissoient de plus en plus, et Trésor des Fèves auroit craint de troubler leur joie. Il ne put cependant s'empêcher de dire en soupirant : Ah! si vous aviez vu Fleur des Pois! Mais il y a six ans qu'elle est mariée!

— Et que je suis mariée avec toi, dit Fleur des Pois en ouvrant la grille à deux battants. Mon choix étoit fait alors, t'en souvient-il? Entrez ici, continua-t-elle en baisant le

vieux et la vieille, qui ne pouvoient se lasser de l'admirer, car elle étoit aussi grandie de six ans, et l'histoire indique par là qu'elle en avoit seize. — Entrez ici chez votre fils : c'est un pays d'âme et d'imagination où l'on ne vieillit plus et où l'on ne meurt pas.

Il étoit difficile d'apprendre une meilleure nouvelle à ces pauvres gens.

Les fêtes du mariage s'accomplirent dans toute la splendeur requise entre de si grands personnages, et leur ménage ne cessa jamais d'être un parfait exemple d'amour, de constance et de bonheur.

C'est ainsi que finissent les contes de fées.

LE
GÉNIE BONHOMME

Le Génie Bonhomme

Il y avoit autrefois des génies. Il y en auroit bien encore, si vous vouliez croire tous ceux qui se piquent d'être des génies ; mais il ne faut pas s'y fier.

Celui dont il sera question ici n'étoit pas d'ailleurs de la première volée des génies. C'étoit un génie d'entre-sol, un pauvre garçon de génie, qni ne siégeoit dans l'assemblée

des génies que par droit de naissance, et sauf le bon plaisir des génies titrés. Quand il s'y présenta pour la première fois, j'ai toujours envie de rire quand j'y pense, il avoit pris pour devise de son petit étendard de cérémonie : *Fais ce que dois, advienne que pourra.* Aussi l'appela-t-on le génie Bonhomme. Ce dernier sobriquet est resté depuis aux esprits simples et naïfs qui pratiquent le bien par sentiment ou par habitude, et qui n'ont pas trouvé le secret de faire une science de la vertu.

Quant au sobriquet de *génie*, on en a fait tout ce qu'on a voulu. Cela ne nous regarde pas.

A plus de deux cents lieues d'ici, et bien avant la révolution, vivoit dans un vieux château seigneurial une riche douairière dont ces messieurs de l'école des chartes n'ont jamais pu retrouver le nom.

La bonne dame avoit perdu sa bru jeune, et son fils à la guerre.

Il ne lui restoit pour la consoler dans les ennuis de sa vieillesse que son petit-fils et sa petite-fille, qui sembloient être créés pour le plaisir de les voir ; car la peinture elle-même, qui aspire toujours à faire mieux que Dieu n'a fait, n'a jamais rien fait de plus joli. Le garçon, qui avoit douze ans, s'appeloit Saphir, et la fille, qui en avoit dix, s'appeloit Améthyste. On croit, mais je n'oserois l'assurer, que ces noms leur avoient été donnés à cause de la couleur de leurs yeux, et ceci me permet de vous apprendre ou de vous rappeler deux choses en passant : la première, c'est que le saphir est une belle pierre d'un bleu transparent, et que l'améthyste en est une autre qui tire sur le violet. La seconde, c'est que les enfants de grande maison n'étoient ordinairement nommés que cinq ou six mois après leur naissance.

On chercheroit longtemps avant de rencontrer une aussi bonne femme que la grand'mère d'AMÉTHYSTE et de SAPHIR ; elle l'étoit même trop, et c'est un inconvénient dans lequel les femmes tombent volontiers quand elles ont pris la peine d'être bonnes; mais ce hasard n'est pas assez commun pour mériter qu'on s'en inquiète. Nous la désignerons cependant par le surnom de Tropbonne, afin d'éviter la confusion, s'il y a lieu.

Tropbonne aimoit tant ses petits enfants, qu'elle les élevoit comme si elle ne les avoit pas aimés. Elle leur laissoit suivre tous leurs caprices, ne leur parloit jamais d'études, et jouoit avec eux pour aiguiser ou renouveler leur plaisir

quand ils s'ennuyoient de jouer. Il résultoit de là qu'ils ne savoient presque rien, et que, s'ils n'avoient pas été curieux comme sont tous les enfants, ils n'auroient rien su du tout.

Cependant TROPBONNE étoit de vieille date l'amie du génie BONHOMME, qu'elle avoit vu quelque part dans sa jeunesse. Il est probable que ce n'étoit pas à la cour. Elle s'accusoit souvent auprès de lui, dans leurs entretiens secrets, de n'avoir pas eu la force de pourvoir à l'instruction de ces deux charmantes petites créatures auxquelles elle pouvoit manquer d'un jour à l'autre. Le génie lui avoit promis d'y penser quand ses affaires le permettroient, mais il s'occupoit alors de remédier aux mauvais effets de l'éducation des pédants et des charlatans, qui commençoient à être à la mode. Il avoit bien de la besogne.

Un soir d'été, cependant, Tropbonne s'étoit couchée de bonne heure, selon sa coutume : le repos des honnêtes gens est si doux ! Améthyste et Saphir s'entretenoient dans le grand salon de quelques-uns de ces riens qui remplissent la fade oisiveté des châteaux, et ils auroient bâillé plus d'une fois en se regardant, si la nature n'avoit pris soin de les distraire par un de ses phénomènes les plus effrayants, et pourtant les plus communs. L'orage grondoit au dehors.

De minute en minute les éclairs enflammoient le vaste espace, ou se croisoient en zigzags de feu sur les vitres ébranlées. Les arbres de l'avenue crioient et se fendoient en éclats; la foudre rouloit dans les nues comme un char d'airain; il n'y avoit pas jusqu'à la cloche de la chapelle qui ne vibrât de terreur, et qui ne mêlât sa plainte longue et sonore au fracas des éléments. Cela étoit sublime et terrible.

Tout à coup les domestiques vinrent annoncer qu'on avoit recueilli à la porte un petit vieillard percé par la pluie, transi de froid, et probablement mourant de faim,

parce que la tempête devoit l'avoir écarté beaucoup de sa route. AMÉTHYSTE, qui s'étoit pressée dans son effroi contre le sein de son frère, fut la première à courir à la rencontre de l'étranger; mais comme SAPHIR étoit le plus fort et le plus leste, il l'auroit facilement devancée, s'il n'avoit

pas voulu lui donner le plaisir d'arriver avant lui, car ces aimables enfants étoient aussi bons qu'ils étoient beaux. Je vous laisse à penser si les membres endoloris du pauvre

homme furent réjouis par un feu pétillant et clair, si le

sucre fut ménagé dans le vin généreux qu'Améthyste faisoit chauffer pour lui sur un petit lit de braise ardente, s'il eut enfin bon souper, bon gîte, et surtout bonne mine

d'hôte. Je ne vous dirai pas même qui étoit ce vieillard, parce que je veux vous ménager le plaisir de la surprise.

Quand le vieillard fut un peu remis de sa fatigue et de ses besoins, il devint joyeux et causeur, et les jeunes gens y prirent plaisir. Les jeunes gens de ces temps-là ne dédaignoient pas la conversation des vieilles gens, où ils pensoient avec raison qu'on peut apprendre quelque chose. Aujourd'hui la vieillesse est beaucoup moins respectée, et je n'en suis pas surpris. La jeunesse a si peu de chose à apprendre !

— « Vous m'avez si bien traité, leur dit-il, que mon

« cœur s'épanouit à l'idée de vous savoir heureux. Je sup-
« pose que dans ce château magnifique, où tout vous vient
« à souhait, vous devez couler de beaux jours? »

Saphir baissa les yeux.

— Heureux, sans doute, répondit Améthyste! Notre grand'mère a tant de bontés pour nous et nous l'aimons tant! Rien ne nous manque, à la vérité, mais nous nous ennuyons souvent.

— « Vous vous ennuyez! s'écria le vieillard avec les
« marques du plus vif étonnement. Qui a jamais entendu
« dire qu'on s'ennuyât à votre âge, avec de la fortune et
« de l'esprit? L'ennui est la maladie des gens inutiles, des
« paresseux et des sots. Quiconque s'ennuie est un être à
« charge à la société comme à lui-même, qui ne mérite que
« le mépris. Mais ce n'est pas tout d'être doué par la Pro-
« vidence d'un excellent naturel comme le vôtre, si on ne
« le cultive par le travail. Vous ne travaillez donc pas? »

— Travailler? répliqua Saphir un peu piqué. Nous sommes riches, et ce château le fait assez voir.

— « Prenez garde, reprit le vieillard en laissant échap-
« per à regret un sourire amer. La foudre qui se tait à
« peine auroit pu le consumer en passant. »

—Ma grand'mère a plus d'or qu'il n'en faut pour suffire au luxe de sa maison.

— « Les voleurs pourroient le prendre. »

— Si vous venez du côté que vous nous avez dit, continua Saphir d'un ton assuré, vous avez dû traverser une plaine de dix lieues d'étendue, toute chargée de vergers et de moissons. La montagne qui la domine du côté de l'occident est couronnée d'un palais immense qui fut celui de

mes ancêtres, et où ils avoient amassé à grands frais toutes les richesses de dix générations !

— « Hélas ! dit l'inconnu, pourquoi me forcez-vous à
« payer une si douce hospitalité par une mauvaise nouvelle ?
« Le temps, qui n'épargne rien, n'a pas épargné la plus
« solide de vos espérances. J'ai côtoyé longtemps la plaine

« dont vous parlez. Elle a été remplacée par un lac. J'ai
« voulu visiter le palais de vos aïeux. Je n'en ai trouvé que
« les ruines, qui servent tout au plus d'asile aujourd'hui à
« quelques oiseaux nocturnes et à quelques bêtes de proie.

« Les loutres se disputent la moitié de votre héritage, et
« l'autre appartient aux hiboux. C'est si peu, mes amis,
« que l'opulence des hommes! »

Les enfants se regardèrent.

— « Il n'y a qu'un bien, poursuivit le vieillard comme
« s'il ne les avoit pas remarqués, qui mette la vie à l'abri
« de ces dures vicissitudes, et on ne se le procure que par
« l'étude et le travail. Oh! contre celui-là, c'est en vain que
« les eaux se débordent, et que la terre se soulève, et que

« le ciel épuise ses fléaux. Pour qui possède celui-là, il n'y
« a point de revers qui puisse démonter son courage, tant
« qu'il lui reste une faculté dans l'âme ou un métier dans
« la main. L'aimable science des arts est la plus belle dot
« des fiancés. L'aptitude aux soins domestiques est la cou-
« ronne des femmes. L'homme qui possède une industrie
« utile, ou des connoissances d'une application commune,
« est plus réellement riche que les riches, ou plutôt il n'y
« a que lui de riche et d'indépendant sur la terre. Toute
« autre fortune est trompeuse et passagère. Elle vaut moins
« et dure peu. »

Améthyste et Saphir n'avoient jamais entendu ce langage. Ils se regardèrent encore et ne répondirent pas. Pendant qu'ils gardoient le silence, le vieillard se transfiguroit. Ses traits décrépits reprenoient les grâces du bel âge, et ses membres cassés, l'attitude saine et robuste de la force. Ce pauvre homme étoit un génie bienfaisant avec lequel je vous ai déjà fait faire connoissance. Nos jeunes gens ne s'en étoient guère doutés, ni vous non plus.

— « Je ne vous quitterai pas, ajouta-t-il en souriant,
« sans vous laisser un foible gage de ma reconnoissance,
« pour les soins dont vous m'avez comblé. Puisque l'ennui
« seul a jusqu'ici troublé le bonheur que la nature vous
« dispensoit d'une manière si libérale, recevez de moi ces

« deux anneaux, qui sont de puissants talismans. En pous-
« sant le ressort qui en ouvre le chaton, vous trouverez
« toujours dans l'enseignement qui y est caché un remède
« infaillible contre cette triste maladie du cœur et de l'es-

« prit. Si cependant l'art divin qui les a fabriqués trompoit
« une fois mes espérances, nous nous reverrons dans un
« an, et nous aviserons alors à d'autres moyens. En atten-
« dant, les petits cadeaux entretiennent l'amitié, et je n'at-
« tache à celui-ci que deux conditions faciles à remplir :
« la première, c'est de ne pas consulter l'oracle de l'anneau
« sans nécessité, c'est-à-dire avant que l'ennui vous gagne.

« La seconde, c'est d'exécuter ponctuellement tout ce qu'il
« vous prescrira. »

En achevant ces paroles, le génie Bonhomme s'en alla,
et un auteur, doué d'une imagination plus poétique vous
diroit probablement qu'il disparut. C'est la manière dont
les génies prenoient congé.

Améthyste et Saphir ne s'ennuyèrent pas cette nuit-là, et j'imagine cependant qu'ils dormirent peu. Ils pensèrent probablement à leur fortune perdue, à leurs années d'aptitude et d'intelligence plus irréparablement perdues encore. Ils regrettèrent tant d'heures passées dans de vaines dissipations, et qui auroient pu devenir profitables et fécondes s'ils avoient su les employer. Ils se levèrent tristement, se cherchèrent en craignant de se rencontrer, et s'embrassèrent à la hâte en se cachant une larme. Au bout d'un moment d'embarras, la force de l'habitude l'emporta pourtant encore une fois. Ils retournèrent à leurs amusements accoutumés, et s'amusèrent moins que de coutume.

— Je crois que tu t'ennuies? dit Améthyste.

— J'allois t'adresser la même question, répondit Saphir ; mais j'ai eu peur que l'ennui ne servît de prétexte à la curiosité.

— Je te jure, reprit Améthyste en poussant le ressort du chaton, que je m'ennuie à la mort !

Et au même instant elle lut, artistement gravée sur la plaque intérieure, cette inscription que Saphir lisoit déjà de son côté :

— Ce n'est pas tout, observa gravement Saphir. Ce que l'oracle de l'anneau nous prescrit, il faut l'exécuter ponctuellement. Essayons, si tu m'en crois. Le travail n'est peut-être pas plus ennuyeux que l'oisiveté.

— Oh ! pour cela, je l'en défie ! répliqua la petite fille. Et puis l'anneau nous réserve certainement quelque autre ressource contre l'ennui. Essayons, comme tu dis. Un mauvais jour est bientôt passé.

Sans être absolument mauvais, comme le craignoit AMÉTHYSTE, ce jour n'eut rien d'agréable. On avoit fait venir les maîtres, si souvent repoussés, et ces gens-là parlent

une langue qui paroît maussade parce qu'elle est inconnue, mais à laquelle on finit par trouver quelque charme quand on en a pris l'habitude.

Le frère et la sœur n'en étoient pas là. Vingt fois, pendant chaque leçon, le chaton s'étoit entr'ouvert au mouvement du ressort, et vingt fois l'inscription obstinée s'étoit montrée à la même place. Il n'y avoit pas un mot changé.

Ce fut toujours la même chose pendant une longue semaine ; ce fut encore la même chose pendant la semaine

qui la suivit. Saphir ne se sentoit pas d'impatience : « On a « bien raison de dire, murmu- « roit-il en griffonnant un *pensum*, que les génies de ce « temps-ci se répètent ! Et puis, « ajoutoit-il, on en conviendra, c'est un étrange moyen « pour guérir les gens de l'ennui, que de les ennuyer à « outrance ! »

Au bout de quinze jours, ils s'ennuyèrent moins, parce que leur amour-propre commençoit à s'intéresser à la poursuite de leurs études. Au bout d'un mois, ils s'ennuyèrent à peine, parce qu'ils avoient déjà semé assez pour recueillir. Ils se divertissoient à lire à la récréation, et même dans le

travail, des livres fort instructifs, et cependant fort amusants, en italien, en anglois, en allemand ; ils ne prenoient point de part directe à la conversation des personnes éclairées, mais ils en faisoient leur profit, depuis que leurs études les mettoient à portée de la comprendre. Ils pensoient enfin, et cette vie de l'âme que l'oisiveté détruit, cette vie nouvelle pour eux, leur sembloit plus douce que l'autre, car ils avoient beaucoup d'esprit naturel. Leur grand'mère étoit d'ailleurs si heureuse de les voir étudier sans y être contraints, et jouissoit si délicieusement de leurs succès ! Je me rappelle fort bien que le plaisir qu'ils procurent à leurs parents est la plus pure joie des enfants.

Le ressort joua cependant bien des fois durant la première moitié de l'année; le septième, le huitième, le neuvième mois on l'exerçoit encore de temps à autre. Le douzième, il étoit rouillé.

Ce fut alors que le génie revint au château comme il s'y étoit engagé. Les génies de cette époque étoient fort ponctuels dans leurs promesses. Pour cette nouvelle visite, il avoit déployé un peu plus de pompe, celle d'un sage qui use de sa fortune sans l'étaler en vain appareil, parce qu'il sait le moyen d'en faire un meilleur usage. Il sauta au cou de ses jeunes amis qui ne se formoient pas encore une idée bien distincte du bonheur dont ils lui étoient redevables. Ils l'accueillirent avec tendresse, avant d'avoir

récapitulé dans leur esprit ce qu'il avoit fait pour eux. La bonne reconnoissance est comme la bienfaisance : elle ne compte pas.

— « Eh bien ! enfants, leur dit-il gaiement, vous m'en
« avez beaucoup voulu, car la science est aussi de l'ennui.
« Je l'ai entendu dire souvent, et il y a des savants par le
« monde qui m'ont disposé à le croire. Aujourd'hui plus
« d'études, plus de science, plus de travaux sérieux ! Du
« plaisir, s'il y en a, des jouets, des spectacles, des fêtes !

« Saphir, vous m'enseignerez le pas le plus à la mode.
« Mademoiselle, j'ai l'honneur de vous retenir pour la pre-
« mière contredanse. Je me suis réservé de vous apprendre
« que vous étiez plus riches que jamais. Ce maudit lac
« s'est retiré, et le séjour de ces conquérants importuns
« décuple la fertilité des terres. On a déblayé les ruines du
« palais, et on a trouvé dans les fondations un trésor qui
« a dix fois plus de valeur!.... »

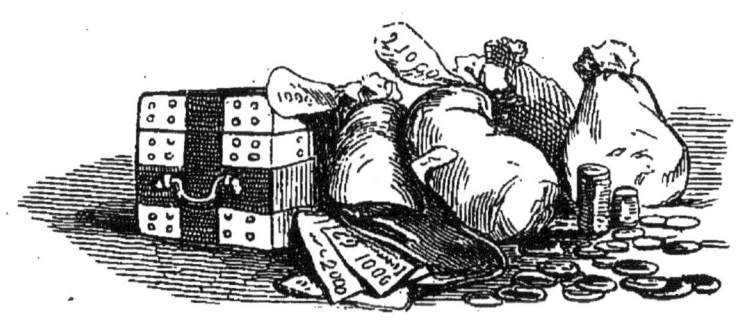

— Les voleurs pourroient le prendre, dit Améthyste.

— Le lac regagnera peut-être le terrain qu'il a perdu! dit Saphir.

Le génie avoit perdu leurs dernières paroles, ou il en avoit l'air. Il étoit dans le salon.

— Ce brave homme est bien frivole pour un vieillard ! dit Saphir.

— Et bien bête pour un génie, dit Améthyste ; il croit peut-être que je ne finirai pas le vase de fleurs que je peins pour la fête de grand'maman. Mon maître dit qu'il voudroit l'avoir fait, et qu'on n'a jamais approché de plus près du fameux monsieur Rabel.

— Je serois fâché, bonne petite sœur, reprit Saphir, d'avoir quelque avantage sur toi ce jour-là ; mais j'espère qu'elle aura autant de joie qu'on peut en avoir sans mourir en comptant mes six couronnes.

—Encore faudra-t-il travailler pour cela, repartit Améthyste, car tes cours ne sont pas finis.

—Aussi faudra-t-il travailler pour finir ton vase de fleurs, répliqua Saphir, car il n'est pas fini non plus.

—Tu travailleras donc? dit Améthyste d'une voix caressante, comme si elle avoit voulu implorer de l'indulgence pour elle-même.

—Je le crois bien, dit Saphir, et je ne vois aucune

raison pour ne pas travailler, tant que je ne saurai pas tout.

— Nous en avons pour longtemps, s'écria sa sœur en bondissant de plaisir.

Et en parlant ainsi, les jeunes gens arrivèrent auprès de Tropbonne, qui étoit alors trop heureuse. Saphir s'avança

le premier comme le plus déterminé, pour prier sa grand'-mère de leur permettre le travail, au moins pour deux ou trois années encore. Le génie, qui essayoit les entrechats

et les ronds de jambe, en attendant sa première leçon de danse, partit d'un éclat de rire presque inextinguible, auquel succédèrent pourtant quelques douces larmes.

« Travaillez, aimables en-
» fants, leur dit-il, votre bonne
« aïeule le permet, et vous pouvez reconnoître à son émo-
« tion le plaisir qu'elle éprouve à vous contenter. Travaillez
« avec modération, car un travail excessif brise les meilleurs
« esprits, comme une culture trop exigeante épuise le sol
« le plus productif. Amusez-vous quelquefois, et même
« souvent, car les exercices du corps sont nécessaires à
« votre âge, et tout ce qui délasse la pensée d'un travail
« suspendu à propos la rend plus capable de le reprendre
« sans effort. Revenez au travail avant que le plaisir vous
« ennuie; les plaisirs poussés jusqu'à l'ennui dégoûtent du
« plaisir. Rendez-vous utiles enfin pour vous rendre dignes
« d'être aimés, et, comme disoit le talisman, SOYEZ AIMÉS
« POUR ÊTRE HEUREUX. S'il existe un autre bonheur sur la
« terre, je n'en sais pas le secret. »

HISTOIRE

DU

CHIEN DE BRISQUET

HISTOIRE DU CHIEN DE BRISQUET.

En notre forêt de Lions, vers le hameau de la Goupilière, tout près d'un grand puits-fontaine qui appartient à la chapelle Saint-Mathurin, il y avoit un bonhomme, bûcheron de son état, qui s'ap-

peloit Brisquet, ou autrement le fendeur à la bonne hache, et qui vivoit pauvrement du produit de ses fagots, avec sa femme qui s'appeloit Brisquette.

Le bon Dieu leur avoit donné deux jolis petits enfants, un garçon de sept ans qui étoit brun, et qui s'appeloit Bisco-

tin, et une blondine de six ans qui s'appeloit Biscotine.

Outre cela, ils avoient un chien bâtard à poil frisé, noir

par tout le corps, si ce n'est au museau qu'il avoit couleur de feu; et c'étoit bien le meilleur chien du pays, pour son attachement à ses maîtres.

On l'appeloit *la Bichonne*, parce que c'étoit peut-être une chienne.

Vous vous souvenez du temps où il vint tant de loups

dans la forêt de Lions. C'étoit dans l'année des grandes neiges, que les pauvres gens eurent si grand'peine à vivre. Ce fut une terrible désolation dans le pays.

HISTOIRE DU CHIEN DE BRISQUET.

Brisquet, qui alloit toujours à sa besogne, et qui ne crai-

gnoit pas les loups à cause de sa bonne hache, dit un matin à Brisquette : « Femme, je vous prie de ne laisser cou« rir ni Biscotin ni Biscotine, tant que M. le grand-louvetier
« ne sera pas venu. Il y auroit du danger pour eux. Ils ont
« assez de quoi marcher entre la butte et l'étang, depuis
« que j'ai planté des piquets de long de l'étang pour les
« préserver d'accident. Je vous prie aussi, Brisquette, de
« ne pas laisser sortir la Bichonne, qui ne demande qu'à
« trotter. »

Brisquet disoit tous les matins la même chose à Brisquette. Un soir il n'arriva pas à l'heure ordinaire. Brisquette venoit sur le pas de la porte, rentroit, ressortoit, et disoit en se croisant les mains : « Mon Dieu, qu'il est attardé !... »

Et puis elle sortit encore, en criant : « Eh ! Brisquet ! »

Et la Bichonne lui sautoit jusqu'aux épaules, comme pour lui dire : — N'irai-je pas ?

HISTOIRE DU CHIEN DE BRISQUET.

« Paix ! lui dit Brisquette. — Écoute, Biscotine, va jus-
« que devers la butte pour savoir si ton père ne revient pas.
« — Et toi, Biscotin, suis le chemin au long de l'étang, en
« prenant bien garde s'il n'y a pas de piquets qui man-
« quent. — Et crie fort, Brisquet ! Brisquet !... »

« Paix ! la Bichonne ! »

Les enfants allèrent, allèrent, et quand ils se furent rejoints à l'endroit où le sentier de l'étang vient couper celui de la butte : « Mordienne ! dit Biscotin, je retrouverai notre « pauvre père, ou les loups m'y mangeront. »

« Pardienne, dit Biscotine, ils m'y mangeront bien « aussi. »

Pendant ce temps-là, Brisquet étoit revenu par le grand chemin de Puchay, en passant à la croix aux Anes sur

l'abbaye de Mortemer, parce qu'il avoit une hottée de

cotrets à fournir chez Jean Paquier. — « As-tu vu nos enfants? » lui dit Brisquette.

« Nos enfants? dit Brisquet. Nos enfants! mon Dieu! sont-ils sortis? »

Je les ai envoyés à ta rencontre jusqu'à la butte et à l'étang, mais tu as pris par un autre chemin. »

Brisquet ne posa pas sa bonne hache. Il se mit à courir du côté de la butte.

« Si tu menois la Bichonne ? » lui cria Brisquette.
La Bichonne étoit déjà bien loin.

Elle étoit si loin, que Brisquet la perdit bientôt de vue. Et il avoit beau crier : Biscotin, Biscotine ! » on ne lui répondoit pas.

Alors il se prit à pleurer, parce qu'il s'imagina que ses enfants étoient perdus.

Après avoir couru longtemps, longtemps, il lui sembla reconnoître la voix de la Bichonne. Il marcha droit dans le fourré, à l'endroit où il l'avoit entendue, et il y entra, sa bonne hache levée.

La Bichonne étoit arrivée là au moment où Biscotin et

Biscotine alloient être dévorés par un gros loup. Elle s'étoit jetée devant en aboyant, pour que ses abois avertissent

Brisquet. Brisquet d'un coup de sa bonne hache renversa

le loup roide mort, mais il étoit trop tard pour la Bichonne. Elle ne vivoit déjà plus.

Brisquet, Biscotin et Biscotine rejoignirent Brisquette. C'étoit une grande joie, et cependant tout le monde pleura. Il n'y avoit pas un regard qui ne cherchât la Bichonne.

Brisquet enterra la Bichonne au fond de son petit courtil,

sous une grosse pierre sur laquelle le maître d'école écrivit en latin :

C'EST ICI QU'EST LA BICHONNE,
LE PAUVRE CHIEN DE BRISQUET.

Et c'est depuis ce temps-là qu'on dit en commun proverbe : *malheureux comme le chien à Brisquet, qui n'allit qu'une fois au bois, et que le loup mangit.*

TABLE DES MATIÈRES.

Préface 7
Trésor des Fèves et Fleur des Pois...................... 11
Le Génie Bonhomme..................................... 79
Histoire du Chien de Brisquet.......................... 107

www.ingramcontent.com/pod-product-compliance
Lightning Source LLC
Chambersburg PA
CBHW060155100426
42744CB00007B/1037